AF268304

DU

GOUVERNEMENT PERSONNEL

PAR

ÉVARISTE BAVOUX

Conseiller d'État

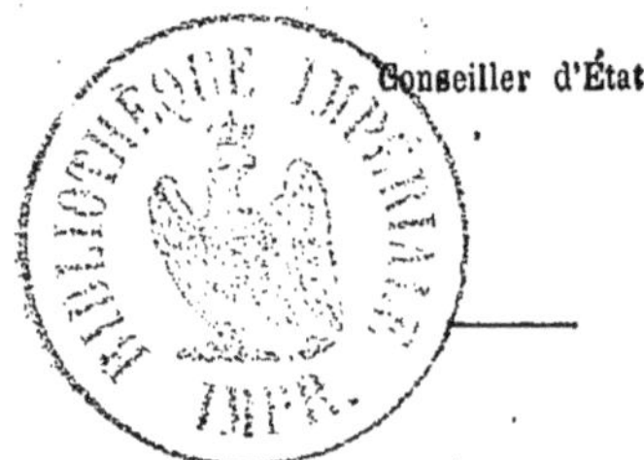

DEUXIÈME ÉDITION

PARIS

E. DENTU, LIBRAIRE-ÉDITEUR

PALAIS-ROYAL, 17 ET 19, GALERIE D'ORLÉANS

—

1869

Le sénatus-consulte du 18 juillet 1866 est ainsi conçu :

« Art. 1er. La Constitution ne peut être discutée par aucun pouvoir public autre que le Sénat, procédant dans les formes qu'elle détermine...

« Art 2. Est interdite toute discussion *ayant pour objet la critique ou la modification de la Constitution,* et publiée ou reproduite soit par la presse périodique, soit... par des écrits non périodiques des dimensions déterminées par le paragraphe 1er de l'article 9 du décret du 17 février 1852. »

D'autre part, le *Moniteur* du 3 novembre 1868 contenait la note suivante :

« Plusieurs journaux se livrent, depuis quelque temps, à des discussions sur le caractère et l'étendue des attributions constitutionnelles du chef de l'État.

« Le Gouvernement rappelle à la presse que de telles discussions sont formellement interdites par le sénatus-consulte du 18 juillet 1866. »

———

Ce n'est pas nous qui contesterons l'application de ces saines dispositions, dont personne ne reconnaît plus sincèrement que nous la nécessité tutélaire.

Mais, sans examiner la question de savoir si le sénatus-consulte, en interdisant très-sagement *la critique ou la discussion tendant à la modification de la Constitution,* en a prohibé en même temps l'éloge ou le commentaire approbatif (théorie très-plausible et très-constitutionnelle), sans examiner même si, *à fortiori,* des écrits non périodiques peuvent traiter ces questions,

Nous n'hésitons pas à penser que, si l'arène est de nouveau ouverte à ces discussions par les adversaires du Gouvernement, ses amis ne peuvent la déserter, la laissant livrée à leurs évolutions, sans répondre à leurs attaques, et que leur premier devoir, comme leur élan instinctif, est de riposter à ces coups par leur résistance armée, c'est-à-dire raisonnée.

Voici donc, à ce sujet, l'argumentation à laquelle nous croyons pouvoir et devoir nous livrer avec une consciencieuse et calme impartialité.

GOUVERNEMENT PERSONNEL

Il y a en France beaucoup d'esprits, même distingués, qui se laissent prendre au mirage des mots ; beaucoup d'autres aussi exploitent cette disposition assez générale pour chercher à tromper l'opinion publique.

Ainsi, dans un certain parti on s'est efforcé, à l'aide d'un sophisme, de susciter des préventions contre le Gouvernement : c'est contre la forme de gouvernement, appelé fort ingénieusement par ces messieurs *personnel*, qu'on s'est évertué de créer et de multiplier les arguties et les équivoques. Le Gouvernement de l'Empereur en France, selon ces messieurs, malgré l'extension, qu'ils sont obligés de reconnaître, des libertés publiques, est un Gouvernement personnel. Il était dès l'origine et il est resté, disent-ils, personnel.

En 1852, cette personnalité était absolue. Aujourd'hui c'est encore un gouvernement sinon absolu, du moins personnel, tempéré, il est vrai, de leur propre aveu, par une incontestable modération. Mais cette modération ne les satisfait pas. C'est un fait ; ce n'est pas une situation légale, et ce qu'il leur faut, c'est le droit. Le contrôle que nous avons, réglé comme il l'est, ne leur suffit pas. Il n'intervient, selon eux, que sur des faits accomplis ; il ne s'affirme point par une intervention directe, utile, précise, influente des corps politiques sur la marche des affaires. En un mot, et pour découvrir toute leur pensée, ce n'est plus, pour eux, comme autrefois, la référence au Parlement, la prépondérance du Parlement, la décision, le premier et le dernier mot au Parlement.

Telle est bien l'assertion ; tel est bien le grief dans toute sa vérité.

Tel est bien ce théorème dont nous contestons absolument la démonstration spéculative aussi bien que pratique.

D'abord il n'est pas exact de dire que, sous le régime parlementaire, le souverain n'eut ni l'initiative ni la décision des actes du Gouvernement. Le droit de paix et de guerre, l'impulsion politique, dans tout gouvernement constitutionnel, même parlementaire, lui appartiennent, et il en a toujours usé. Avant 1830, le Gouvernement de la Restauration ; de 1830 à 1848, le Gouvernement du roi Louis-Philippe ont toujours eu et fait prévaloir cette double attribution, dont ils ont toujours usé, sous le feu, cela est vrai, des critiques, qu'on ne leur épargnait pas plus alors qu'on ne les épargne aujourd'hui à l'Empire. La maxime fameuse : *Le roi règne et ne gouverne pas*, était précisément la formule de cette protestation constitutionnelle de l'opposition. Sa simple énonciation prouve deux choses :

1° Le grief de l'opposition contre la royauté, accusée de violer, ou tout au moins de méconnaître le principe fondamental du pacte parlementaire ;

2° L'aveu implicite que cette prétention, vis-à-vis du régime parlementaire, ne serait pas admissible vis-à-vis d'une autre forme de gouvernement.

Et cependant, aujourd'hui comme alors, le même reproche, par l'organe pour ainsi dire des mêmes hommes, est adressé au Gouvernement de l'Empereur, comme il était alors adressé aux Gouvernements de la Restauration et de la branche cadette des Bourbons.

C'est donc bien réellement à différentes époques la même plainte, à savoir que le souverain gouverne. Et ces messieurs trouvent cela mauvais aujourd'hui, comme ils le trouvaient déjà mauvais sous le régime parlementaire de la légitimité et de la quasi-légitimité. Ces rapprochements donnent quelque apparence de subtilité aux théories des casuistes parlementaires : sous le règne passé, comme sous le règne précédent, l'opposition accusait le roi de substituer sa volonté personnelle à celle des chambres, et aujourd'hui elle en accuse l'Empereur, en lui citant pour modèle le souverain du goût de l'une ou l'autre.

On avouera qu'il y a là une étrange contradiction à revendiquer contre le gouvernement actuel un droit qu'on accusait les gouvernements passés d'avoir enfreint, surtout quand on prétend que ce vice constitutionnel de notre gouvernement impérial forme un contraste regrettable avec les constitutions parlementaires, qui pourtant, de leur vivant, prêtaient le flanc aux mêmes attaques, ainsi que nous venons de le voir.

Cela ne constaterait-il pas une certaine identité entre les constitutions auxquelles s'adresse la même critique, et cette critique actuelle n'est-elle pas, pour cela même, quelque peu compromise par la critique ancienne ?

Ensuite, cette observation n'irait-elle pas à cette conséquence logique, que si toutes les formes de gouvernement : constitutionnel, parlementaire, impérial, monarchique, républicain même (si nous interrogeons l'histoire même contemporaine), ont encouru le même reproche d'être plus ou moins personnel, c'est que cela pourrait bien être de l'essence de tout gouvernement ?

A cette première question de théorie constitutionnelle s'en ajouterait une autre qu'il n'est pas inutile de traiter, celle de savoir si cette conséquence de la souveraineté du chef de l'État n'est pas, après tout, sous certaines garanties de conseils et de contrôle, le meilleur mode de gouvernement ! Cela n'implique pas le moins du monde l'idée du gouvernement absolu. Nous tenons beaucoup à ne pas laisser altérer, dénaturer notre assertion.

On accuse notre gouvernement d'être personnel, c'est à ce reproche que nous répondons et non pas à un autre.

Eh bien ! si nous prouvons d'abord qu'il n'est pas plus personnel que celui des rois parlementaires de la Restauration et de la maison d'Orléans, ensuite que cette direction personnelle des affaires politiques par le chef de l'État est une conséquence forcée et désirable de la qualité même du chef d'État, monarchique ou même républicain, nous aurons, nous le pensons du moins, satisfait tout ensemble, à la théorie et à la pratique constitutionnelle, dans la mesure, répétons-le, des garanties nécessaires à une nation éclairée et libre.

Or le roi Charles X lui-même, qui n'a jamais passé pour un foudre de guerre, était le roi d'une dynastie qui avait eu ses campagnes en Grèce, en Espagne, en Afrique. Le maréchal Maison en Morée, le duc d'Angoulême au Trocadéro, le maréchal Marmont à la prise d'Alger avaient cũeilli pour le front de leur monarque des lauriers dont les Chambres n'avaient pas réclamé la couronne, non plus que le roi Louis-Philippe, médiocrement belliqueux, n'avait vu disputés par le Parlement ceux du maréchal Gérard à Anvers, du brave commandant de l'expédition française à Ancône, du prince de Joinville à Saint-Jean d'Ulhoa. La liste des victoires sous ces deux règnes n'est pas longue, sans doute, mais elle suffit à démontrer, *quod erat demonstrandum*, que le droit de paix et de guerre a toujours appartenu au souverain sous toutes les chartes, sous toutes les constitutions, par les motifs les plus péremptoires, les plus flagrants, les plus indiscutables.

L'initiative, l'intervention, la prépondérance du chef souverain peuvent-elles être davantage contestées ?

L'ultracisme politique et religieux de la Restauration s'est trop affirmé et par ses lois d'amour et par toutes ses luttes avec l'esprit libéral, qui soufflait alors sur le pays tout entier, pour permettre la moindre négation. Que l'immixtion du monarque ait alors été malheureuse et fautive, c'est une autre question, dont la solution au reste est clairement écrite et consacrée dans la révolution de 1830.

Mais en ce moment il ne s'agit que de constater l'existence, même sous les gouvernements parlementaires, de la pression personnelle du souverain sur la marche des affaires.

Celle du roi Louis-Philippe a été, chacun s'en souvient, assez attestée par des attaques, des sarcasmes, des quolibets, des caricatures, pour ne pouvoir être niée non plus.

Vainement prétend-on aujourd'hui, avec des airs lestement dégagés, que sous ce gouvernement modèle le roi procédait par délibérations ministérielles et par concert parlementaire. Délibérations ministérielles que le prince, si nous avons bonne mémoire, influençait plus ou moins, avec le concours plus ou moins harmonieux de ce concert parlementaire, où tant de voix discordantes et fausses formaient ce charivari politique au bruit duquel s'est effondré un jour ce gouvernement qu'on nous donne en exemple assez malencontreux.

Tel est le concert qu'aujourd'hui certains Épiménides, mal réveillés, voudraient nous faire encore entendre. C'est ce qu'ils appellent le gouvernement du pays par lui-même.

Définition séduisante à laquelle auraient acquiescé, disent-ils, la reine d'Angleterre, le roi d'Italie, les rois de Belgique, des Pays-Bas, de Danemark et *tant d'autres*, prétend-on, que pour notre compte, nous ne connaissons pas, à moins que ce ne soit la Prusse, l'Autriche, la Russie, la Turquie, l'Espagne peut-être. En tous cas, et sans discuter ni le Danemark, ni les Pays-Bas, ni la Belgique, il est douteux que l'Italie soit disposée à contester au roi vainqueur sa voix prépondérante dans les complications naissantes de sa jeune royauté, et que l'exemple de la vieille Angleterre soit bien choisi. Si en France *la dictature bienveillante du souverain*, élu avec ce droit formel à la dictature, a pu s'établir *pendant la minorité intellectuelle du pays*, cette ironie posthume aux circonstances qu'elle rappelle a le triple tort, selon nous, d'être une erreur historique ; car chacun se rappelle que la nation était tout émancipée et maîtresse d'elle-même quand elle a remis ses pouvoirs au prince ; un anachronisme, comme si nous en étions encore au 10 décembre 1848, et une ingratitude, parce qu'à cette date, ces éminents écrivains, dont nous reconnaissons très-sincèrement le mérite, si hostiles aujourd'hui au gouvernement de l'Empereur, montraient alors moins d'esprit peut-être, mais à coup sûr plus de résignation. Vaillants naufragés qui, dans la tempête, prenaient héroïquement la perche que leur tendaient généreusement une main protectrice, sauf à la repousser dédaigneusement après avoir, grâce à elle, abordé au rivage, après l'apaisement de la mer houleuse.

Recueillant nos souvenirs, concluons donc que ce prétendu gouvernement du pays par le pays a été toujours, en fait, soumis comme tout autre à l'action directe, personnelle du souverain. Cette action personnelle, combattue par les brigues et les cabales parlementaires, produisait une sorte de mêlée confuse au milieu de laquelle la voix de l'intérêt public se faisait mal entendre.

Voilà pourquoi l'exemple de la vieille Angleterre est mal choisi, non pas pour *la minorité intellectuelle* de la France, mais en présence de *la majorité sénile des partis* qui, dans notre pays, se gardent bien d'imiter en cela l'Angleterre. Oui, quand les partis en France auront désarmé, comme en Angleterre, comme en Italie, comme en Belgique, comme aux Pays-Bas, comme en Danemark, où il n'y a assurément ni légitimistes, ni orléanistes, ni républicains toujours armés contre le gouvernement de leur pays, le pays pourra en effet se gouverner lui-même. Mais jusque-là les spirituels interprètes de ces différents partis trouveront bon, juste et naturel que le Gouvernement y regarde de près à la collaboration d'associés équivoques. A-t-on jamais vu le commandant d'une citadelle assiégée livrer les clefs des portes et l'accès des courtines et des bastions aux ennemis mêmes qui chaque jour lui livrent assaut ?

Ayez donc patience, Messieurs les professeurs en droit public, non pas jusqu'à la fin de la minorité de votre pupille, mais jusqu'à la fin de votre propre professorat ès science révolutionnaire.

Le procédé est bien simple : adhérez franchement, hautement, absolument, consciencieusement comme si vous étiez en Angleterre, en Italie, en Belgique, à la dynastie régnante, et vous pourrez alors lui conseiller telle ou telle réforme constitutionnelle que pourra vous suggérer votre dévouement dynastique. Jusque-là, permettez-nous de douter de l'utilité de vos conseils et de vos leçons, et de maintenir résolûment notre Constitution contre vos critiques et vos propositions de réformes.

A cette époque, nous discuterons avec vous l'opportunité de ce système qui tendrait, en éloignant le souverain de la direction personnelle du gouvernement, à faire de lui une espèce de soliveau. Mais, dès à présent, nous pourrions peut-être vous répondre avec franchise que, même dans cette hypothèse, nous ne partagerions pas votre aversion pour le gouvernement personnel, réglé, modéré, circonscrit dans de certaines limites. Quelle est, en effet, la mission d'un chef d'État ? La direction suprême. Est-il possible d'admettre qu'il soit en quelque sorte réduit au rôle de simple spectateur du mécanisme politique dont il est le principal moteur ?

Ce qui semble indispensable à l'accomplissement de son œuvre, c'est la liberté des mouvements, l'unité d'action, la responsabilité à laquelle, malgré les fictions contraires, le souverain n'a jamais échappé.

Sans développer ici cette thèse constitutionnelle qui demanderait de vastes développements, nous pouvons la résumer provisoirement en cette généralité, que le monarque d'une grande nation ne peut pas, sous peine d'infraction inévitable, être éloigné de la direction supérieure des affaires. Sans doute, il faut en même temps chez lui la haute capacité, la sagesse, le dévouement, sans lesquels, quoi que décrètent les constitutions, il faiblira dans sa tâche. Une autre condition indispensable au gré de toute législation sensée, c'est l'équilibre des pouvoirs, les garanties d'examen, de contrôle, d'influence légitime du pays dans l'administration de ses plus précieux intérêts. Mais dans ces proportions, nous devons loyalement avouer que, éclairés par les leçons de l'histoire et de l'expérience contemporaines, nous avons perdu beaucoup de nos illusions parlementaires : non-seulement l'épreuve de 1815 à 1848 nous a montré l'inanité du principe de ce gouvernement du pays par lui-même, mais encore eût-il été intact, qu'il eût encore été, à nos yeux, très-peu satisfaisant.

Nous avons vu, en effet, pendant les trente années de régime parlementaire, le souverain pris en flagrant délit d'intervention personnelle dans le courant politique qui entraînait la Restauration aux ordonnances de Juillet, et le gouvernement de Juillet à la catastrophe des banquets... *quorum pars parva fui...*

Le monarque, n'eût-il pas donné cet exemple d'une infraction, semble-t-il, forcée à cette doctrine, à cette fiction constitutionnelle, il laisserait encore cette terrible objection du désordre, de la confusion inséparable de l'autorité oligarchique.

L'oligarchie, qui inévitablement naît de l'omnipotence des assemblées délibérantes, constitue un pouvoir partagé, divisé, irresponsable. Pour le conquérir, chacun s'agite, se remue, cherche à monter sur les épaules du voisin, criant, gesticulant, beaucoup plus occupé de lui-même, de son amour-propre, de son intérêt personnel que de l'intérêt général. L'intérêt général, au milieu de cette mêlée confuse, se perd facilement de vue, tout en servant de prétexte aux discussions inépuisables des différents contradicteurs.

Histoire éternellement vraie des abus inhérents au partage du pouvoir.

C'était vrai à Sparte, à Athènes, à Rome, comme plus tard en France.

Les Parlements, en France, ont reproduit ces errements de l'antiquité, parce que ces abus sont dans la nature des institutions humaines.

« Après la mort de Louis XIV, le Parlement se mettait à la place de la nation, comptée pour rien (1). »

« Loin de mettre en vigueur le plus beau de ses droits, le Parlement n'a jamais défendu que faiblement la cause publique... Il n'en est pas de même lorsqu'il croit que le prince attente à ses droits, ou qu'il pense que l'instant est arrivé de les étendre ou de prendre part à l'administration. Alors il se montre inflexible, fait remontrances sur remontrances. Composé de gens... rompus à l'art oratoire, il... invoque la liberté des citoyens et met le public pour lui (2). »

« Necker, malgré son prétendu républicanisme, dans un Mémoire de 1778, attaquait les Parlements, comme tous les corps qui veulent acquérir du pouvoir en parlant au nom du peuple (3). »

« L'instinct populaire, en 1788, sentait qu'au fond la cause du Parlement n'était nullement celle du peuple, et qu'il ne s'agissait encore que d'une guerre civile de l'ancien régime contre lui-même, préface de la guerre du peuple contre l'ancien régime (4) . »

Oui, le libéral écrivain de l'*Histoire de France,*

(1) Velly, *Histoire de France*, t. XVI, p. 6.
(2) *Mémoires de Besenval*, t. II, p. 55.
(3) Henri Martin, *Histoire de France*, 19-387.
(4) Henri Martin, *Histoire de France*, 522.

M. Henri Martin a raison : les Parlements, c'est-à-dire les assemblées de l'ancien régime, comme celles de l'ère moderne, ont inévitablement leur esprit de corps, leurs prétentions, leurs préoccupations personnelles et collectives.

Animées du souffle national à certaines époques mémorables, elles sont merveilleusement propres à jeter dans la publicité des pensées généreuses, utiles ; à semer dans le pays les germes de cette liberté féconde qui, sous le feu brûlant de nos révolutions en 1789, en 1830, en 1848, s'est développée et a porté les fruits de la démocratie moderne.

Oui, c'est à cette œuvre sainte, à cette propagande pieuse des doctrines saines et bienfaisantes que la tribune parlementaire a servi d'écho. L'opinion publique, formée à cette école, a fait le reste. Elle s'est chargée du soin de se donner un gouvernement de son choix.

Ainsi, à chacun sa part, son rôle. Le Parlement, excellent pour examiner, discuter, contrôler les actes du Gouvernement, est impuissant à gouverner lui-même.

Il y est impuissant par essence ; il y est surtout impuissant vis-à-vis d'un gouvernement issu des entrailles de la nation, conçu, enfanté, baptisé par elle, investi par elle de ses pleins pouvoirs, de sa pleine confiance.

Aussi non-seulement, en fait, ce gouvernement est la personnification même de la volonté nationale, maintes et maintes fois manifestée, affirmée ; mais encore, en droit, il est le symbole de la vérité politique, qui veut la délibération dans les assemblées nombreuses, l'exécution dans le pouvoir suprême.

Le Parlement est l'organe du sentiment public, éclairé par la discussion de ses mandataires. Ces mandataires (les fastes législatifs sont là pour l'attester), ne manquent ni de talent ni de patriotisme, et tout opposé qu'on puisse être à leurs envahissements d'attributions parasites, hétérogènes, anormales, chacun saluera avec orgueil l'éloquence parlementaire, qui est une de nos gloires les plus incontestées, comme la probité politique et la grandeur des caractères en sont l'honneur.

Mais le temps est venu de tracer la limite entre les parties constitutives du pacte social. C'est ce que, dans cet âge nouveau où nous sommes, l'expérience nous a démontré nécessaire ; et c'est ce que la Constitution de 1852 a fait.

Mûrie, échauffée au contact de l'esprit moderne, elle s'en est pénétrée, imbue, saturée, se mêlant à lui par des communications de chaque jour. Semblable au corps humain, qui s'alimente par tous ses pores de l'air, de l'atmosphère qui l'environnent et peuvent modifier son organisme, la Constitution impériale de nos jours, perfectible, modifiable, pour ainsi parler, est douée d'une heureuse élasticité et d'une bienfaisante propriété, celle du progrès. Mais la séparation des pouvoirs pour assurer leur équilibre en est la base ; l'unité de direction en est la garde.

Veillons à ce dépôt sacré. Défendons-le contre des atteintes profanes, téméraires, malfaisantes. L'histoire à la main, rappelons-nous que ses grandes étapes sont toutes marquées par les rayons éclatants de grandes individualités : même sous l'ancienne monarchie, nous voyons de loin en loin un grand homme imprimer le sceau de son génie à un siècle, tant est puissante cette loi de l'unité dans le commandement ; unité qui, seule, peut créer et développer la grandeur nationale. Ce sont, à de longs intervalles, des météores lumineux sous les traits de Clovis, de Charlemagne, saint Louis, François Ier, Henri IV, Louis XIV. A défaut de grands monarques et parfois avec eux, quelques grands ministres, comme Sully, le cardinal de Richelieu, Mazarin, Louvois, Colbert, apparaissent en témoignage de cette nécessité de l'unité dans le pouvoir.

Sans doute, il ne faut ni compter ave permanence sur la supériorité du génie dans le monarque appelé à gouverner un pays, ni exagérer la portée des pouvoirs qui lui sont confiés. Cette double exagération serait une source de mécomptes et de déceptions.

Mais ces indications ont pour but de prouver en général les avantages de l'unité d'action. C'est pour cela que la division des pouvoirs, proclamée par Montesquieu, est devenue de plus en plus une doctrine constitutionnelle, et que, de nos jours, après avoir été battue par de si formidables orages, elle tend à *émerger* radieuse du sein de la tempête.

Modérée, contenue dans de justes limites, appropriée, bien entendu, aux mœurs modernes, à la judicieuse surveillance des pouvoirs publics, elle assure la liberté des mouvements du pouvoir exécutif et la vraie liberté des citoyens.

Paris, impr. PAUL DUPONT, rue J.-J.-Rousseau, 41. (163.1.9)